Alessandra Stumpf

Diary

Auf dem Weg nach Golgatha

Ein ehrliches Tagebuch aus Tränen, Liebe und Hoffnung

Impressum

Autorin:
Alessandra Stumpf

Kontakt:
Nur über Verlag

Verlag:
BoD · Books on Demand GmbH,
Überseering 33,
22297 Hamburg,
bod@bod.de
Druck:
Libri Plureos GmbH,
Friedensallee 273,
22763 Hamburg
ISBN: 978-3-8192-4767-5

Gestaltung:
Cover erstellt mit Canva in Zusammenarbeit mit
OpenAI/ChatGPT

Titel: „Diary – Auf dem Weg nach Golgatha"

FSC
www.fsc.org
MIX
Papier aus ver-
antwortungsvollen
Quellen
Paper from
responsible sources
FSC® C105338

🌿 **Prolog – Nicht stark, aber echt**

Ich habe dieses Tagebuch nicht geschrieben,
weil ich etwas zu sagen hatte.
Sondern, weil ich es nicht mehr für mich behalten konnte.

Was du hier liest, ist kein Zeugnis voller Kraft,
kein Bericht von übernatürlicher Stärke.
Es ist das Gegenteil.

Es ist der Weg durch Zweifel,
durch Zerrissenheit,
durch zu viel Gefühl und zu wenig Halt.
Ein Weg, auf dem ich oft nicht wusste,
ob ich noch gehen kann –
und auf dem ich trotzdem immer wieder getragen wurde.

Nicht, weil ich stark war.
Sondern, weil Er es war.
Jesus.

Vielleicht fühlst du dich beim Lesen unwohl.
Vielleicht ist dir manches zu viel, zu roh, zu ehrlich.
Aber ich konnte es nicht anders schreiben.
Denn genau so habe ich es erlebt.
Genau so hat Er mich gerufen.
Genau so hat Er mich gerettet.

Nicht in dem Moment, wo alles gut war.
Sondern mittendrin.
Im Weinen.
Im Warten.

Im Stillwerden.
Im Schreien.

Dieses Tagebuch ist kein Beweis, dass ich irgendetwas
geschafft hätte.
Es ist nur ein einziger, leiser Ruf:
Jesus, ich gehöre dir.

Wenn du möchtest, darfst du einfach mitlesen.
Mitfühlen.
Mitschweigen.
Und vielleicht –
mit Ihm gehen.

🌿 **Auf dem Weg nach Golgatha**

– Mein erstes Osterfest als Gerettete

Tagebuch-Eintrag

Kann ich ehrlich sein?
Da ist etwas, das mich beschäftigt – mehr, als ich vielleicht
wahrhaben will.
Etwas, das ich versuche zu verdrängen oder zu
unterdrücken.

🌿 **Am kommenden Sonntag ist Palmsonntag.**
Und ich weiß, was danach kommt...
Karfreitag. Ostern.
Mein erstes Osterfest, seitdem ich Jesus wirklich kenne. Mein erster Karfreitag als gerettete Christin.

Letztes Jahr im Sommer hat Er mich befreit. Errettet.
Seitdem durfte ich so viel mit Ihm erleben, durfte lernen,
wachsen, schreiben, teilen.
Ich habe ganze Jugendromane gefüllt, weil ich all das
weitergeben wollte, was Er mir gezeigt hat.

Und doch stehe ich jetzt hier – kurz vor dem wichtigsten
Fest für uns, die wir Christus nachfolgen – und merke, dass
es mich überfordert.
Ich hätte gedacht, dass ich voller Freude bin.
Doch stattdessen spüre ich, wie ich mich innerlich
distanziere.

Ich hasse dieses Gefühl.
Ich vermisse Ihn.
Ich will, dass es wieder so ist wie vor ein paar Tagen, als
alles leicht war und Seine Nähe greifbar.
Aber vielleicht... vielleicht ist mein stressiger Alltag nur eine
Ausrede.
Vielleicht ist es nicht der Termindruck, der mich von Ihm
fernhält, sondern die Angst vor dem, was kommt.

Ist das nachvollziehbar?
Oder übertreibe ich einfach nur?
Ich kann es nicht erklären.
Warum zieht sich mein Herz zurück, obwohl ich mich doch
so sehr nach Ihm sehne?

✿ Reflexion – Wenn ein Herz vor Heiligkeit zögert

Es gibt Momente im Leben, da zieht sich das Herz nicht aus Gleichgültigkeit zurück, sondern aus Ehrfurcht. Nicht, weil es kalt geworden ist, sondern weil es spürt, dass etwas Großes bevorsteht. Etwas, das man nicht einfach durchlebt – sondern das einen selbst durchdringt.

✝ Kurz vor Karfreitag geschieht genau das: Eine unsichtbare Grenze verschiebt sich. Man merkt, dass sich der Alltag nicht mehr mit dem deckt, was innerlich geschieht. Die Gedanken werden langsamer, das Herz wird schwerer, die Welt verliert an Lautstärke – nicht, weil sie still geworden ist, sondern weil in der Seele etwas anderes beginnt zu klingen.

Wer Jesus kennt – wer IHN erlebt hat als Retter, Tröster, Freund – kennt auch Seine Sanftheit. Aber wenn das Kreuz näher rückt, ist da nicht nur diese Nähe. Da ist auch SEIN Schmerz. Und dieser Schmerz erschüttert. Denn plötzlich steht man nicht mehr vor dem Bild eines Erlösers, sondern vor der Wahrheit eines Opfers. Einem Opfer, das aus Liebe geschah. Für einen selbst.

Das ist kaum zu fassen. Und noch weniger auszuhalten.

Vielleicht wirkt es nach außen wie Erschöpfung, Rückzug oder Überforderung. Doch innerlich befindet man sich längst auf dem Weg nach Golgatha. Nicht körperlich, sondern geistlich. Schritt für Schritt. Mit einem Herzen, das nicht auf Abstand geht, sondern Schutz sucht vor einer Liebe, die so groß ist, dass sie das Innerste erschüttert.

Manchmal spürt man, wie man einfach nicht beten kann. Die Worte fehlen. Es bleibt nur das Schweigen. Nur das Dasein. Und selbst das scheint zu viel.

✝ Denn Karfreitag ist kein Feiertag für die Seele. Es ist ein Tag, an dem Liebe und Schmerz sich begegnen. Ein Tag, an dem der Glaube nicht laut jubelt, sondern leise weint.

Und gerade das ist heilig.

Vielleicht ist es ein Zeichen dafür, dass die Liebe echt ist, wenn man zögert, IHN anzuschauen. Nicht aus Scham. Sondern weil man weiß, was es kostet, den Blick nicht abzuwenden.

Es ist der Versuch, stehen zu bleiben, wo andere wegrennen würden.

Es ist der Moment, in dem man spürt: Das ist nicht
Geschichte.
Das ist Gegenwart. Das ist Realität. Das ist mein Erlöser.

Der Weg nach Golgatha ist kein einfacher.
Aber er ist offen. Für alle, die ihn gehen wollen.
Nicht triumphierend. Sondern zitternd.
Nicht stark. Sondern ehrlich.

Und man muss ihn nicht alleine gehen.
Denn ER ist ihn schon gegangen.
Und geht ihn noch immer – neben denen, die sich trauen,
mitzugehen.

Mit jeder Träne.
Mit jedem stillen Atemzug.
Mit jedem leisen „Ich will, aber ich weiß nicht wie.“

Vielleicht ist das alles, was ein Herz sagen kann. Und
vielleicht ist genau das genug.

🌿 Palmsonntag – Der leise Weg zum Kreuz

Ich weiß, ich wiederhole mich, aber vermutlich wird das in
den nächsten Tagen noch öfter passieren.
Ich war gestern den ganzen Tag einfach nur noch
erschöpft. Vom vielen Weinen. Vom Ablenken.
Von einem Alltag, der sich gerade genauso weit weg anfühlt
wie Er.

Ich habe gebetet. Immer wieder ein bisschen.
Aber meine Gedanken sind dabei ständig abgeschweift.
Ich konnte IHN kaum ansehen.
Konnte mich IHM fast nicht zuwenden.
Und wenn ich es doch tat, dann hat es mich innerlich
zerrissen.

Ich wollte beten.
Wirklich.
Ganz besonders für all die Menschen, die ich so sehr liebe.
Aber sobald ich auf die Knie ging, kam nichts – nur
Tränen.
Auch jetzt, während ich das hier schreibe.

Wie soll ich diesen Tag überstehen?
Oder die kommende Woche?
Wie soll ich arbeiten gehen, mich um meinen Sohn
kümmern, putzen, kochen, waschen, funktionieren?
Ich backe mit meinem Sohn ein erstes Osterlamm –
und mein Herz schmerzt allein beim Anblick dieser
Backform.
Weil ich nur einen Gedanken im Kopf habe:
„Das Lamm Gottes...“

Und dann stehe ich heute früh auf –
und ich weiß, dass ER da ist.
Ich kann Seine Nähe fühlen.
Fast so, als würde Er mich in den Arm nehmen.
Ich kann es an meiner Haut spüren, außen – und tief innen.

Aber ich halte diese Nähe nicht aus.
Ich wende mich ab.
Nicht, weil ich es will.
Sondern weil ich den Schmerz nicht ertragen kann.
Weil ich meine Tränen verstecken muss – vor denen, die es
nicht verstehen.

Ich fühle mich zerrissen.
Zwischen Dankbarkeit. Liebe. Schmerz.
Zwischen dem Alltag und einer Sehnsucht, die mich
überwältigt.
Und eigentlich will ich nur eines:
Ihn.

Mein Herz schreit.
Und ich weine leise.
Und frage mich immer wieder:
Ist das verrückt?
Übertreibe ich einfach nur?

🌿 **Manchmal gibt es Tage, an denen der Glaube kein Jubel ist.
Sondern ein Zittern.
Ein stilles, nicht greifbares Empfinden, das mehr Fragen stellt als Antworten gibt.
Ein Tag wie Palmsonntag.**

Von außen mag dieser Tag wie ein Fest erscheinen.
Die Menschen rufen Hosianna, legen ihre Kleider auf den Weg, jubeln dem einziehenden König zu.
Aber wer weiß, was kommen wird, kann kaum feiern.
Weil das Herz etwas anderes flüstert als der Mund.
Weil in der Tiefe längst spürbar ist:
Dies ist kein Triumphzug. Dies ist der Anfang vom Ende.

🌿 **Für manche fühlt sich Palmsonntag nicht wie Hoffnung an, sondern wie leiser Abschied.
Nicht wie Licht, sondern wie der letzte Morgen vor einem Sturm.**

Man steht auf, tut, was zu tun ist –
füttert die Kinder, stellt die Kaffeemaschine an, räumt die
Krümel vom Boden.
Und doch ist alles fremd.
Nicht, weil es falsch ist.
Sondern weil es nicht reicht.
Nicht, wenn die Seele längst durch einen Garten wandert,
dessen Bäume das Flüstern des Verrats kennen.
Nicht, wenn das Herz weiß, was der Esel heute wirklich
trägt:
Nicht einen Sieger. Sondern einen Geopferten.

Es ist schwer, an solchen Tagen zu beten.
Nicht, weil man nicht glaubt.
Sondern weil man zu sehr glaubt.
Weil man nicht nur an Jesus denkt –
sondern Ihn fühlt.

Seine Nähe ist da.
Und sie tut weh.
Weil sie zu echt ist, zu greifbar, zu groß.
Weil sie alles durchdringt – auch den Alltag, auch den
Körper, auch die Gedanken, die eigentlich bei Listen und
Aufgaben sein sollten.

Man will nur bei IHM sein.
Und doch wendet sich das Herz weg,
weil es den Schmerz nicht tragen kann,
den diese Liebe mit sich bringt.

Und trotzdem: Man bleibt.
Auch wenn man nur weinen kann.

Auch wenn kein Gebet laut wird.
Auch wenn man sich in den Alltag retten muss, der gerade
nicht passt.

In diesen Momenten wächst etwas Heiliges.
Etwas, das keine Worte braucht.
Ein inneres Mitgehen, das nicht auf Beweisen ruht, sondern
auf einer stillen, unaussprechlichen Liebe.

Und wenn es am Abend wieder still wird,
wenn man sich fragt, ob all das nicht übertrieben ist –
dann darf man wissen:

Es ist nicht zu viel.
Es ist nicht verrückt.
Es ist Liebe.
Wunde. Sehnsucht. Echtheit.

Wer so empfindet, ist nicht schwach.
Sondern offen.
Nicht haltlos. Sondern erschüttert –
von der Herrlichkeit Gottes.

🌿 **Palmsonntag ist kein Tag des Feierns für
alle.**
**Für manche ist er der Tag, an dem man am
liebsten flüstern würde:**

„Ich weiß, was kommt.
Und trotzdem – ich bleibe.
Selbst wenn es mich zerreißt."

Und vielleicht ist genau dieses Bleiben – in Tränen, im
Schweigen, in der Nähe, die kaum auszuhalten ist –
die kostbarste Form von Anbetung, die es gibt.

🌿 Ich stehe am Rand von Golgatha

Ich würde gern einige Gedanken festhalten, die mich
gestern und heute tief bewegt haben.
Gestern Abend hatte ich endlich wieder eine ruhige, fast
friedliche Möglichkeit zu beten.
Auch wenn ich immer noch kaum Fürbitte halten kann –
ich durfte wieder bei IHM sein.
Ich konnte IHN anschauen, IHN fühlen, IHN anbeten.
Ohne dass es mich sofort zerrissen hätte, wie in den Tagen
davor.

Ich sagte mir im Gebet immer wieder leise:
„Jesus ist mein Herr."
Und je öfter ich es aussprach, desto mehr löste sich etwas
in mir.
Ehrliche Freude kam zurück.
Ein übernatürlicher Friede senkte sich auf mein Herz.
Ich war einfach nur glücklich. Und dankbar.

🌿 Heute ist Palmsonntag.
**Der Morgen begann eigentlich gut.
Ich war nicht allein aufgewacht, mein Sohn
war schon bei mir –
dadurch blieb gar keine Zeit für Grübeln
oder Rückzug.
Bis zum Ende des Gottesdienstes lief alles**

gut.

Aber dann kam das vorletzte Lied.

Und wieder ging es um das Kreuz.

Und wieder war ER da.

Ich spürte, wie Jesus mich mitnehmen wollte.
Zum Kreuz.
Aber ich konnte nicht.
Ich konnte es nicht aushalten.
Mein Körper, meine Seele, mein Herz –
nichts davon war stark genug.
Ich weinte, weil ich wusste, dass ich Seine Gnade nicht
greifen kann.
Nicht einmal dann, wenn sie mir direkt vor die Füße gelegt
wird.

Ich will sie annehmen.
Wirklich.
Denn wenn ich sie nicht annehme,
dann wäre SEIN Opfer umsonst –
und das ist noch viel schlimmer.
Aber es fällt mir so schwer.
Weil ich mich unwürdig fühle.
Weil ich weiß, dass ich IHM nichts geben kann.
Nichts, was auch nur annähernd dem entspricht, was ER
mir gibt.

Ich bin Ihm so unendlich dankbar. Jeden Tag.
Für Sein Opfer.

Für meine Rettung.
Für die Gnade, Ihn anbeten zu dürfen.
Für all die Wunder, die ich durch Ihn erleben darf.
Für die Menschen, die Er mir zur Seite stellt.
Für den Plan, den Er mit meinem Leben hat.

Ich sage Ihm immer wieder, dass Er mein Mittelpunkt sein
soll.
Dass ich bereit bin, Opfer zu bringen.
Dass ich mich Seiner Hand beuge.
Weil ich weiß: Er ist da. Immer.

Und trotzdem kann ich Seine Gnade nicht ganz annehmen.
Weil ich sie zu tief spüre.
Weil sie mich fast sprengt.
Es ist, als müsste ich innerlich explodieren –
aber mein Körper ist die Wand,
die das alles hält und nicht loslassen kann.

Selbst das Schreien hilft nicht.
Weil alles, was ich empfinde,
viel zu tief geht, um sich in Worten zu lösen.

Ist das alles nachvollziehbar?
Oder ist das zu viel?
Bin ich einfach zu sensibel?

✿ Reflexion – Wenn Gnade zu groß wird für das eigene Herz

Manchmal spürt man eine Nähe, die nicht sanft umarmt,
sondern überwältigt.
Es ist nicht der Mangel an Glauben, der dann zögert –
sondern das Bewusstsein für das, was diese Gnade wirklich
bedeutet.

Viele reden von Gnade, als wäre sie leicht anzunehmen.
Als sei sie ein Geschenk, das man einfach auspackt,
dann lächelt und sich bedankt.

Aber wer Gnade wirklich sieht –
wer begreift, woher sie kommt,
was sie gekostet hat –
der zittert.

Nicht, weil der Glaube schwankt,
sondern weil das Herz erkennt,
dass man nichts vorweisen kann,
um sie sich zu verdienen.

Die Seele steht am Rand des Kreuzes
und spürt die Spannung zwischen Liebe und Ohnmacht,
zwischen Anbetung und Rückzug.

Und manchmal geschieht genau das:
Der Körper macht zu.
Weil das, was innerlich geschieht,
zu viel ist,
zu groß,
zu rein.

Es gibt kein Gebet für diesen Moment.
Keinen passenden Vers.
Keine menschliche Antwort.

Nur ein Herz, das flüstert:
„Ich kann nicht – aber ich will."

Gnade wird nicht kleiner, wenn man sie nicht fassen kann.
Im Gegenteil.
Gerade das Nicht-Fassen-Können
zeigt, wie echt sie ist.

Wer sich überwältigt fühlt von der Liebe Gottes,
hat sie tiefer gespürt als viele,
die sie mit dem Kopf erklären,
aber nie mit der Seele getragen haben.

Denn wenn ein Mensch auf das Kreuz schaut
und sich innerlich windet,
weil er es nicht aushält –
dann ist er genau dort, wo Gnade ihren Anfang nimmt.

In diesem Zittern.
In diesem Rückzug.
In diesem Moment, in dem man nicht einmal schreien
kann,
weil selbst der Schrei zu laut wäre
für das, was da in einem lebt.

Und vielleicht ist es genau das:
Die Gnade ist nicht zu viel –
sie ist einfach nur real.
So real,

dass sie den ganzen Menschen durchflutet
und ihn nicht stehen lässt,
wie er war.

Wer nicht anders kann als weinen,
wer sich würdelos fühlt,
leer, unfähig,
und trotzdem bleibt –
hat Gnade tiefer empfangen als viele,
die nie zerbrochen sind.

Und manchmal reicht genau das:
ein Flüstern.
ein Zittern.
ein stummes Bleiben.

Nicht als Zeichen der Schwäche.
Sondern als Antwort auf eine Liebe,
die nicht auf Leistung wartet,
sondern einfach nur empfangen werden will.

Ganz klein.
Ganz ehrlich.
Ganz offen.
Auch wenn es weh tut.

🌿 Ich kann sie nicht einfach nehmen

Und doch kann ich sie nicht einfach nehmen.
Nicht, ohne dass mein Herz zerreißt.
Nicht, ohne zu weinen.
Nicht, ohne mich ganz klein und ohnmächtig zu fühlen.

Warum ist das so bei mir?

Heute wurde im Gottesdienst gefragt,
wer Seine Gnade schon erkannt und angenommen hat.
Wer sie wirklich für sich als Geschenk empfangen hat.
Fast alle haben sich gemeldet.
Nur ich nicht.
Weil ich es nicht mit ganzem Herzen bejahen konnte.

Obwohl ich all die Wunder sehe, die Er tut.
Obwohl ich Ihn jeden Tag spüre.
Obwohl ich Seine Stimme kenne,
Seine Nähe,
Seine Liebe.
Warum kann ich es trotzdem nicht vollständig annehmen?

Warum ist es so intensiv für mich?

Warum brennt es so tief?
Warum zittert mein Herz, wenn ich Ihn spüre?
Warum kann ich diese Liebe nicht einfach halten?

Ich weiß, dass Sein Opfer für mich ist.
Ich weiß, dass ich sie brauche – diese Gnade.
Und doch...
ich kann sie nicht greifen.

Nicht, weil ich zweifle.
Sondern weil sie mich überfordert.
Weil sie so groß ist, so rein, so heilig.
Und ich mich daneben so... unrein fühle.
So klein.

Ich will.
Ich will wirklich.
Aber wenn ich das Kreuz anschaue,
dann breche ich.
Weil mein ganzer Körper nicht begreift,
wie ich das empfangen soll.

Es ist, als müsste ich innerlich explodieren –
aber ich darf nicht.
Weil der Körper zu klein ist
für all das, was in mir schreit.

Und ich frage mich:
Ist das normal?
Ist das gesund?
Bin ich zu sensibel?
Oder spüre ich einfach zu viel?

❀ Reflexion – Wenn das Herz größer fühlt, als der Körper tragen kann

Es gibt eine Art von Zerreißen, die nichts mit Leid im klassischen Sinn zu tun hat.
Es ist ein Zerreißen, das entsteht, wenn etwas zu schön ist,
zu rein,
zu vollkommen,
um vom menschlichen Herzen ganz erfasst zu werden.

Wenn man über Gnade spricht, klingt es oft sanft, weich, beruhigend.
Aber wer ihr wirklich begegnet,
weiß: Gnade ist auch erschütternd.
Sie ist nicht nur Trost –
sie ist eine Erschütterung in der Tiefe der Seele.
Weil sie alles infrage stellt,
was man über Wert, Leistung, Würde je gelernt hat.

Es ist eine Überforderung des Herzens,
wenn man erkennt:
Diese Liebe richtet nicht – sie trägt.
Diese Nähe fordert nicht – sie schenkt.
Und dieses Kreuz steht nicht nur irgendwo in der Geschichte –
es steht hier.
Jetzt.
Für einen selbst.

In solchen Momenten fühlt man sich nicht stark.
Nicht erleichtert.
Nicht mutig.

Sondern klein.
Zerbrechlich.
Hilflos.

Es ist nicht die Schuld, die einen zerdrückt –
sondern die Gnade.

Denn wenn man begreift,
dass man nichts tun kann,
nichts leisten,
nichts zurückgeben,
dass man einfach nur empfangen soll –
dann kann das weh tun.
Weil man spürt: Das ist heilig.
Und man selbst fühlt sich nicht so.

Und doch ist genau das das Zentrum des Evangeliums.

Gnade verlangt keine Antwort,
sondern Hingabe.
Sie braucht keine Leistung,
sondern ein offenes Herz.
Aber manchmal ist selbst das schwer.

Weil es Menschen gibt,
deren Herzen so weit,
so empfänglich,
so tief fühlen,
dass schon eine Berührung reicht,
um sie zu erschüttern.
Für solche Herzen ist Gnade keine stille Freude –
sie ist ein Aufbrechen.

Ein inneres Erdbeben.
Ein Fluss, der durch enge Gefäße rauscht
und an den Wänden rüttelt.
Nicht, um zu zerstören –
sondern um zu verwandeln.

Und ja:
Das kann wehtun.
Nicht, weil etwas falsch ist.
Sondern weil etwas echt ist.

Die Seele kennt Gott.
Und wenn sie IHN spürt,
wenn Gnade ihr begegnet,
dann erinnert sie sich an das,
woher sie kommt –
und wohin sie gehört.

Das Herz will aufspringen, loslaufen, schreien, weinen,
tanzen –
alles auf einmal.
Aber der Körper bleibt.
Hier.
In dieser Welt.
Noch.

Und in dieser Spannung –
zwischen Ewigkeit und Gegenwart,
zwischen göttlicher Nähe und menschlicher Begrenzung –
lebt dieses Zittern.

Gnade tut nicht weh, weil sie hart ist.
Sie tut weh, weil sie uns zeigt, wie tief wir lieben können.
Wie zerbrechlich wir sind.
Wie offen.
Wie nah am Licht.

Und das ist kein Zeichen von Schwäche.
Es ist ein Geschenk.

🌿 Was mich zerreißt

Kannst du mir helfen zu begreifen,
was es ist, das mich innerlich so zerreißt
und mich beinahe explodieren lässt,
wenn ich Seine Liebe spüre?
Wenn ich so unendlich dankbar bin?
Wenn Er mir Seine Gnade anbietet?

Es ist kein Schmerz im äußeren Sinn.
Es ist nicht Trauer.
Nicht Angst.
Nicht einmal Scham.

Es ist…
zu viel.
Zu groß.
Zu heilig.
Zu nah.

Und ich weiß nicht, wohin damit.

Wenn Seine Nähe da ist,
dann wird alles in mir weit.
Aber mein Körper hält es nicht aus.
Ich zittere. Ich weine.
Manchmal will ich nur schreien –
nicht aus Wut,
sondern weil mein Herz überläuft.

Ich liebe Ihn so sehr.
Ich bin so dankbar.
Und doch:

Ich kann diese Liebe nicht halten.
Ich kann diese Gnade nicht fassen.
Und ich weiß nicht,
ob ich das irgendwann kann.

Was ist das, was mich so überwältigt?
Warum fühlt sich Seine Liebe an,
als würde ich innerlich zerspringen?

Ich will es verstehen.
Nicht, um es zu kontrollieren –
sondern um es aushalten zu lernen.
Damit ich nicht weglaufe.
Damit ich bleibe.
Damit ich nicht zerbreche
an etwas, das eigentlich mein Heil ist.

❀ Reflexion – Wenn die Ewigkeit das Herz berührt

Es gibt Momente, da reicht der eigene Körper nicht mehr
aus,
um all das zu tragen, was das Herz gerade fühlt.
Da ist zu viel Licht, zu viel Tiefe, zu viel Liebe –
und man weiß nicht, wohin damit.

Was viele als Gnade bezeichnen,
ist für andere ein sanftes Gefühl.
Ein Trost.
Eine Stärkung.
Ein guter Gedanke.

Aber dann gibt es diese andere Art, sie zu erleben:
So tief, so unbegreiflich, so überwältigend,
dass alles, was „normal" ist, still wird.

Gnade wird dann nicht nur ein Gedanke –
sie wird ein Strom.
Ein Fluten.
Ein Licht, das in den innersten Raum dringt
und jede Wand berührt,
jeden Schmerz,
jeden Zweifel,
jede Schicht zwischen Ich und Gott.

Es zerreißt nicht, weil es hart ist.
Es zerreißt, weil es echt ist.

Weil man plötzlich weiß:
Das ist keine Vorstellung.

Das ist Realität.
Das ist mein Gott.

Und etwas in einem erinnert sich.

Etwas, das älter ist als die eigene Geschichte.
Etwas, das nicht von dieser Welt ist.

Eine Seele, die IHN kennt,
spürt IHN, wenn ER kommt.
Und sie sehnt sich – mit einer Kraft,
die kein Wort halten kann.

Und genau da beginnt es:
Dieses innere Spannungsfeld,
dieses Überwältigtsein,
dieses heilige Zittern.

Denn obwohl man weiß, dass man geliebt ist,
dass man gerettet ist,
dass man nichts leisten muss –
ist der Körper noch hier.
Noch in dieser Welt.
Noch gebunden an Grenzen.

Und wenn dann Gnade wie eine Flut durchbricht,
dann passt sie nicht hinein.
Nicht in die Form.
Nicht in die Logik.
Nicht in das, was man kennt.

Die Seele erkennt den Ursprung.
Aber der Mensch selbst steht noch da –

mit Händen, die zittern.
Mit Augen, die brennen.
Mit einem Herzen, das sagt:
„Ich halte das nicht aus."

Und vielleicht muss man das auch nicht.

Vielleicht geht es gar nicht darum,
die Liebe Gottes auszuhalten.
Sondern sie einfach sein zu lassen.

Wie Licht auf einer Wasseroberfläche.
Wie Wind in offenen Fenstern.
Wie der Hauch von Ewigkeit in einem sterblichen Moment.

Was zerreißt, ist nicht Schwäche.
Es ist die Spannung zwischen dem,
woher man kommt –
und wo man gerade noch ist.

Denn wer Jesus wirklich begegnet,
wer Seine Liebe fühlt,
nicht nur in Gedanken,
sondern in jeder Faser,
der steht in einer Berührung der Ewigkeit.
Und das überfordert.
Nicht, weil man falsch ist.
Sondern weil man zu nah ist.
Zu wach.
Zu offen.

Und das ist keine Krankheit.
Keine Überempfindlichkeit.

Es ist ein Geschenk.
Ein kostbares, schwer tragbares Geschenk.

Und wenn man das nächste Mal sagt:
„Ich explodiere gleich…"
dann darf man wissen:

Man ist nicht kaputt.
Man ist nur offen für das,
was der Himmel schenkt.
Und diese Offenheit ist der Anfang von echter Anbetung.

Nicht die Stärke.
Nicht das Wissen.
Nicht das Durchhalten.

Sondern:
Das Erschüttertsein.

Das Bleiben im Zuviel.
Das Weinen in der Gegenwart.
Das Nichts-sagen-Können –
und trotzdem da sein.

Das ist heilig.
Und es gehört genau dahin,
wo es begonnen hat:
An den Fuß des Kreuzes.

❦ Es ist so viel

Ich bin ehrlich dankbar dafür,
dass ich das alles so empfinden darf.
Auch wenn es unendlich anstrengend ist.

Es ist anstrengend,
immer wieder weinen zu müssen.
Es ist anstrengend,
es vor der Welt verstecken zu müssen.
Und dann –
zurückzukehren in die Stille,
ins Gebet,
zu IHM.
Und wieder zu weinen.

Meine Nase tut weh vom ständigen Putzen.
Ich habe Kopfschmerzen vom Unterdrücken.
Und vom Schreien.
Mein Körper ist so müde.
Aber ich muss trotzdem alles machen.
Mich kümmern.
Den Alltag tragen.

Und trotzdem –
ich kann IHN fühlen.
Ganz nah.
Als wäre Er direkt neben mir.
Oder noch näher.
In mir.
Um mich.
Mit mir.

Und dann will ich es annehmen.
Wirklich.
Seine Liebe.
Seine Nähe.
Seine Gnade.
Aber es ist so viel.

Seine Liebe durchströmt mich.
Aber wenn sie auf mein Herz trifft,
dann ist es zu viel.
Zu intensiv.
Fast schmerzhaft.

Das ist doch absurd, oder?

Wie kann etwas, das so schön ist,
so wehtun?

❀ Reflexion – Wenn Schönheit weh tut

Es gibt Erfahrungen mit Gott,
die nicht still und friedlich sind,
sondern schmerzhaft schön.
So schön,
dass sie das Herz überspannen
wie ein Saitenzug, der fast reißt.

Man erwartet oft,
dass Gottes Gegenwart Frieden bringt.
Und das tut sie auch.
Aber manchmal bringt sie zuerst das Zerbrechen.

Nicht, weil sie zerstört –
sondern weil sie alles durchdringt.
Auch das,
was man bisher gut zusammengesetzt hatte,
um zu funktionieren.

Wenn ein Mensch sich öffnet –
wirklich öffnet –
für Gottes Liebe,
für Seine Nähe,
für Seine Gnade,
dann wird das Herz durchflutet von etwas,
das größer ist als jede menschliche Fassung.

Und dann geschieht es:
Die Tränen kommen.
Nicht aus Schwäche.
Sondern weil es zu viel ist.

Es ist, als würde man innerlich überlaufen.
Nicht, weil etwas kaputt ist –
sondern weil alles zu voll wird:
das Herz,
der Körper,
die Sinne,
die Gedanken.

Und ja – das kann wehtun.
Körperlich.
Seelisch.
Still.
Und heilig.

Weil der Alltag weiterläuft.
Weil niemand sieht,
wie schwer es ist,
unter der Oberfläche weiterzuatmen,
während das Herz in göttlichem Feuer steht.

Und dann ist da dieser Widerspruch:
Man will mehr davon –
und man hält es kaum aus.

Man will Seine Nähe –
und zittert, wenn sie kommt.
Man will Seine Liebe –
und schreit fast, wenn sie einen trifft.
Man will Seine Gnade –
und fragt sich, warum sie so sehr wehtut.

Aber vielleicht ist es nicht die Gnade, die wehtut.
Vielleicht ist es die eigene Begrenzung,
die spürt, dass sie nicht dafür gemacht war,
das Ewige ganz zu fassen.
Noch nicht.

Es ist kein Zeichen von Schwäche,
wenn man unter der Herrlichkeit Gottes weint.
Es ist ein Zeichen,
dass man nah dran ist.

Dass der Vorhang nur hauchdünn ist.
Dass der Himmel nicht mehr weit entfernt liegt.
Dass die Ewigkeit die Stirn küsst
und das Herz für einen Moment zittert,
weil es ahnt,
was es einmal ganz erleben wird.

Und in solchen Momenten,
wenn der Körper nicht mehr kann,
die Tränen brennen,
der Alltag schreit
und man trotzdem sagt:

„Herr, ich will nur Dich.
Auch wenn es weh tut."

… dann ist das keine Schwäche.
Dann ist das Anbetung.
In ihrer reinsten Form.

Nicht laut.
Nicht stark.
Nicht feierlich.

Sondern wahr.

Und genau dort –
in dieser erschöpften Wahrheit –
bleibt ER.
Still.
Ganz nah.
Nicht fordernd.
Nicht erklärend.
Nur liebend.

🌿 Wenn das Herz jubelt, weil ER da ist

Manchmal frage ich mich, ob ich übertreibe.
Ob das alles, was ich fühle, was ich erlebe, was ich weine –
zu viel ist.
Zu intensiv. Zu empfindlich. Zu „anders".

Ich sehe, wie andere durch den Alltag gehen, mit einer
Selbstverständlichkeit, mit einer Stabilität, die ich oft nicht
habe.
Ich höre, wie sie lachen, wie sie Pläne machen, wie sie sich
durch das Leben navigieren – während ich in meinem
Inneren manchmal nur schreien will, weil es mich zerreißt.
Vor Liebe.
Vor Sehnsucht.
Vor Dankbarkeit.
Und manchmal auch vor der schieren Wucht Seiner
Gegenwart.

Aber dann merke ich: Ich bin einfach nur offen.
Jesus hat mein Herz aufgebrochen, und seitdem lebt es.
Es schlägt nicht mehr im Takt der Welt, sondern im
Rhythmus Seiner Nähe.

Und ja – ich weine oft.
Ich weine, weil ich IHN liebe.
Weil ich IHN spüre.
Weil ich IHN manchmal fast nicht ertragen kann, so heilig,
so gut, so vollkommen ist ER.
Ich weine, weil ich IHM so nahe sein will –
und weil mich diese Nähe zugleich überfordert.

Ich kann es nicht dosieren.
Ich will es auch nicht.
Denn ich will alles von IHM.
Auch wenn mein Körper, mein Herz, meine Seele
manchmal kaum mitkommen.
Ich will nicht weniger empfinden, nur damit ich besser in
die Welt passe.
Ich will nicht kälter werden, nur um einfacher zu
funktionieren.

Und so komme ich wieder.
Zerbrochen.
Erschöpft.
Aber voller Hoffnung.
Denn ER hat mein Herz gesehen.
Und ich weiß, was in Seinem Wort steht:

*„Das Opfer, das Gott gefällt, ist ein zerbrochener Geist;
ein zerbrochenes und zerschlagenes Herz wirst du, o Gott,
nicht verachten." (Psalm 51,19)*

Ich nehme das ernst.
Ich nehme IHN ernst.
Auch wenn mein Glaube manchmal wankt.
Auch wenn ich IHN nicht immer ansehen kann, weil die
Tränen zu sehr brennen.
Auch wenn ich mich so oft frage, warum
ausgerechnet ich so viel spüre –
und gleichzeitig nichts geben kann, außer diesem Herz.

Aber vielleicht ist genau das mein Geschenk:
Nicht etwas leisten zu müssen.
Sondern einfach bei IHM zu sein.

In all meinem Zuviel.
In all meiner Zärtlichkeit.
In all meiner Widersprüchlichkeit.

Denn ich bin Sein.
Und ER kennt mich.

■ Wenn der Himmel predigt – und ich zuhöre

„Ich blicke zu dem Himmel, dem Werk deiner Finger,
den Mond und die Sterne, die du bereitet hast:
Was ist der Mensch, dass du seiner gedenkst,
und des Menschen Sohn, dass du auf ihn achtest?"
(Psalm 8,4–5)

Schon als kleines Mädchen habe ich zu den Sternen
geschaut.
Nicht einmal gezielt.
Es war einfach da – dieses Ziehen, diese Sehnsucht.
Ich konnte stundenlang an meinem Dachfenster sitzen,
selbst in kalten Nächten, wenn sich der Frost auf das Glas
legte und ich in eine Decke gewickelt war, die nicht wirklich
warm hielt.
Aber ich wollte nicht wegsehen.

Da oben leuchtete etwas, das tiefer in mir sprach,
als ich damals verstehen konnte.
Es war kein Satz. Kein Gedanke. Keine Theologie.
Es war einfach nur... ein Ruf.
Heute weiß ich, wer da gerufen hat.

Gott – mein Vater – hat die Sterne nicht nur gemacht,
um die Dunkelheit zu schmücken.
Sondern um zu erinnern.
Zu erinnern an Seine Größe.

An Seine Herrlichkeit.
An Seine Nähe.

„Die Himmel erzählen die Herrlichkeit Gottes,
und das Himmelsgewölbe verkündet Seiner Hände Werk."
(Psalm 19,2)

Ich höre sie noch immer.
Diese stille Predigt, die ganz ohne Worte auskommt.
Ein Flüstern in der Nacht,
ein unhörbares Lied, das nur das Herz versteht.

Wie liebevoll muss ein Schöpfer sein,
der die Sterne setzt –
nicht nur, damit sie leuchten,
sondern damit sie erinnern.
Daran, dass wir nicht allein sind.
Daran, dass ER uns sieht.
Daran, dass ER angebetet werden will.

Und jetzt, so viele Jahre später,
sitze ich nicht mehr in einem Kinderzimmer,
aber mein Herz –
es ist noch immer an diesem Fenster.

Und es ruft zurück.

Danke, geliebter Vater,
dass du mich gerufen hast.
Schon damals.
Durch kalte Fensterscheiben hindurch.
Mit Sternen, die dein Evangelium flüstern.

Und mit einer Liebe, die so viel größer ist als das ganze
Himmelszelt.

Ich war klein –
und bin es heute noch.
Aber ich höre dich.
Und ich weiß:
Ich war nie allein.

✿ **Reflexion – Wenn der Himmel nicht schweigt**

Es gibt Botschaften,
die nicht durch Worte kommen.
Sondern durch Weite.
Durch Licht.
Durch Stille.

Wenn der Blick nach oben geht,
in Nächte, in denen alles schweigt,
und das Herz trotzdem etwas hört –
dann beginnt etwas Heiliges.

Manche nennen es Schönheit.
Andere nennen es Staunen.
Aber wer es kennt,
der weiß:
Es ist mehr.

Die Sterne reden.
Nicht mit Lautstärke.
Sondern mit Ewigkeit.

Sie erzählen von einem Schöpfer,
der nicht nur Welten formt,
sondern Herzen erreicht.
Der ruft – nicht laut,
aber so, dass die Seele es hört.

„Was ist der Mensch,
dass du seiner gedenkst?"
fragt der Psalm.

Und genau da –
unter diesem fragenden Himmel –
beginnt das Staunen, das zur Anbetung wird.

Denn wer einmal verstanden hat,
dass dieser Gott nicht nur den Kosmos geschaffen hat,
sondern auch mich sieht,
kann nicht mehr achtlos unter Sternen stehen.

Dann wird jedes Flüstern zur Einladung.
Jede kalte Nacht zum Erinnerungsort.
Jeder Blick nach oben zu einem leisen „Danke".

Und vielleicht ist genau das
die tiefste Form von Glauben:

Wenn man unter einem weiten Himmel steht,
und nicht mehr fragt,
sondern nur flüstert:

„Ich bin klein –
aber ich bin gesehen."

🌿 **Wenn die Schöpfung ehrlicher ist als wir**

Weißt du, was ich heute dachte?
Wie dumm und selbstsüchtig wir Menschen eigentlich sind.

Die ganze Schöpfung preist Gott.
Tag für Tag. Nacht für Nacht.
Einfach, weil sie ist.
Sie braucht keine Worte, keine Systeme, keine Theologie.
Sie lebt im Rhythmus des Schöpfers – und das reicht.

Die Sonne geht auf –
und das ist Lobpreis.
Der Wind bewegt die Felder –
und das ist Anbetung.
Der Himmel malt seine Farben –
und niemand kann schöner malen.

Und wir?
Wir reden viel.
Wir haben die Wahl.
Wir haben eine Seele.
Aber oft vergessen wir einfach.
Klagen viel.
Zweifeln häufig.
Drehen uns um uns selbst.
Und merken nicht,
dass selbst die Steine Gott mehr Ehre geben würden als
wir.

Ich habe als Kind so gern in den Himmel geschaut.
Stundenlang. Auch wenn es bitterkalt war.

Ich habe nicht gewusst, warum ich mich dort so „richtig"
fühlte.
Aber heute weiß ich:
Der Himmel hat gepredigt.
Und mein Herz hat gelauscht.

Die Sterne –
sie sind keine toten Lichter.
Sie sind Zeugen Seiner Herrlichkeit.
Prediger ohne Stimme.
Und ich durfte sie hören.

Aber jetzt…
jetzt tut es mir weh.
Weil ich sehe, was wir Menschen daraus gemacht haben.
Wie wir die Bäume nicht mehr sehen –
sondern nur ihr Holz.
Wie wir die Vögel nicht mehr hören –
sondern nur ihren Nutzen berechnen.
Wie wir den Ozean verschmutzen,
obwohl er singen will.

Die Schöpfung wollte uns dienen.
Mit uns gemeinsam loben.
Uns erinnern an unseren Ursprung.
Aber wir haben sie stumm gemacht.

Und sie leidet.
Sie stöhnt.
So wie Paulus schrieb:
„Die ganze Schöpfung liegt in Wehen…"

Weil wir Gott nicht die Ehre geben,
die Ihm gebührt.

Und das tut mir so leid.
Ehrlich.
Und tief.
Weil ich weiß:
Das hat Gott nicht verdient.

Nicht unsere Gleichgültigkeit.
Nicht unsere Gier.
Nicht unser Gerede, während der Himmel schweigt –
und gleichzeitig schreit.

Ich will wieder zuhören.
Ich will still werden.
Ich will lernen,
von den Bäumen,
vom Gras,
vom Wind.
Ich will wieder beten wie die Sterne:
Einfach nur, weil ich bin.
Weil Er ist.

Und ich bete:
Herr,
vergib mir.
Nicht den anderen.
Nicht zuerst der Welt.
Mir.

Weil ich es gesehen habe.
Und so oft trotzdem nicht reagiert habe.
Weil ich deinen Lobgesang unterdrückt habe –
statt mit einzustimmen.

Mach mein Herz wieder eins mit deiner Schöpfung.
Lass mich hören,
sehen,
antworten.

Ich will Teil deines Lobes sein.
Nicht der Stille dazwischen.

Psalm des erwachenden und bereuenden Herzens

Herr,
die Bäume neigen sich vor Dir –
nicht aus Pflicht,
sondern weil sie wissen,
wer Du bist.

Die Sterne singen still,
die Meere toben in Ehrfurcht,
und der Wind trägt Deinen Namen
durch das Gras.

Die ganze Schöpfung lebt in Anbetung,
ohne Worte, ohne Zweifel,
ein endloses Echo Deiner Herrlichkeit.

Und wir?

Wir rennen.
Wir reden.
Wir glauben, wir seien das Zentrum.
Wir vergessen,
dass wir gemacht wurden –
nicht die Macher sind.

Doch Du,
Du wirfst uns nicht weg.

Du wartest.
Du schaust – und hoffst,
dass wir endlich aufsehen.
Dass wir aufhören zu tun,
und beginnen zu sein.
Dass wir zuhören,
wie der Himmel Dich preist.
Dass wir endlich verstehen,
dass der Atem, den wir klagen,
ein Geschenk ist,
aus Deiner Gnade geboren.

Herr,
Du hast uns die Welt gegeben –
nicht als Beute, sondern als Spiegel Deiner Schönheit.

Die Blumen öffnen sich Dir,
der Regen tanzt auf den Feldern,
die Berge tragen Schweigen in Ehrfurcht.

Und wir?

Wir haben das Lied vergessen.
Wir haben Deine Werke zerstört
und sie zu Werkzeugen unseres Hochmuts gemacht.

Die Schöpfung wollte uns dienen –
doch wir haben sie ausgebeutet.

Sie wollte mit uns singen —
doch wir haben sie zum Schweigen gebracht.

Jetzt stöhnt sie,
wie ein Instrument, das nie gestimmt wird.
Jetzt weint sie,
weil wir das Echo Deines Namens nicht mehr hören.

Und ich,
ich sehe es plötzlich.
Ich erkenne, was ich nicht sah.
Und es zerreißt mir das Herz.

Herr, vergib.
Nicht ihnen. Nicht den anderen.
Vergib mir.

Denn Du hast das nicht verdient.
Nicht diese Blindheit.
Nicht diese Kälte.
Nicht diese Gier.

Du hast Lob verdient.
Von mir.
Von uns.
Von allem, was atmet.

🌿 Gründonnerstag – Das Geschenk, das zu groß für mich ist

Wie wundervoll und liebevoll ist Jesus?!
Ich kann es kaum fassen, kaum halten, kaum in Worte
bringen.
Gestern Abend habe ich mir Zeit genommen.
Ich wollte beten – wie jeden Abend.
Ich wollte danken, still werden vor dem Vater,
ihm für Seine wunderschöne Schöpfung danken,
für die kleinen und großen Wunder,
für das Licht in den Dingen,
für den Atem.

Doch es kam anders.

Heute ist Gründonnerstag.
Und der Weg zum Kreuz ist für mich noch immer nicht
leicht.
Nicht mehr so zerreißend wie letzte Woche –
der Alltag legt sich manchmal dazwischen –
aber mein Herz weiß, was dieser Tag bedeutet.

Ich denke an Jesus.
Wie er mit seinen Jüngern zusammensitzt.
Zum letzten Mal.
Wie er ihnen dient, das Brot bricht, den Kelch reicht.
Wie er schweigt, obwohl er weiß, was kommt.
Und wie er dann in den Garten geht.
Allein.
Und dreimal kniet.
Und ringt.

Und weint.
Und sich beugt.
Nicht, weil er schwach ist.
Sondern weil er liebt.
Und weil er dem Willen des Vaters ganz und gar gehorcht.

Und ich stehe daneben.
Oder besser: Ich liege.
Zu seinen Füßen.
Ich habe keine Worte.
Nichts, was ich sagen kann, scheint groß genug.
Nicht für Seine Liebe.
Nicht für Seine Gnade.
Nicht für das, was Er am Kreuz getan hat.

Ich versuche, „Danke" zu sagen.
Aber es zerbricht mir fast die Stimme.
Denn wie kann man danken für etwas, das zu groß ist,
zu rein,
zu herrlich?

Ich kann Seine Gnade nicht einfach greifen.
Nicht, ohne dass es weh tut.
Nicht, ohne zu weinen.
Nicht, ohne zu spüren, wie klein ich bin vor Ihm.
Wie unfassbar groß Er ist.
Wie unbegreiflich dieses Geschenk.

Ich kann nichts tun.
Ich kann Ihm nichts bringen.
Nicht im Vergleich.
Alles, was ich habe –

meine Liebe, meine Dankbarkeit –
es fühlt sich so winzig an neben dem Kreuz.

Und doch kommt Er.

Er kommt zu mir.
Nicht mit Vorwürfen.
Nicht mit Erwartungen.
Sondern mit Liebe.
Mit dieser königlichen, sanften, göttlichen Liebe.
Er lässt mich nicht liegen.
Er beugt sich zu mir.

Und Er fragt mich:
„Glaubst du, dass Ich der Herr bin?"
Ich kann nur nicken. Und weinen.
Er fragt:
„Glaubst du, dass Ich der König bin? Dass Ich Gott bin?"
Wieder: Ich kann nur nicken. Und weinen.

Und dann sagt Er:
„Das Kreuz ist Mein Geschenk an dich.
Du brauchst Meine Gnade,
wenn du bei Mir sein willst – für immer.
Ich weiß, dass es schwer für dich ist.
Aber es ist Mein Geschenk.
Du darfst es annehmen."

Ich kann kaum antworten.
Aber ich weiß: Ich will.
Ich will es annehmen.
Auch wenn ich nicht weiß, wie.

Auch wenn es zu groß ist.
Auch wenn ich nichts geben kann, das dem entspricht.

Aber ich will.
Weil es von Ihm ist.
Weil es aus Seiner Liebe kommt.
Weil es Sein Geschenk ist –
für mich.

❀ Reflexion – Wenn Liebe zu groß ist für Worte

Es gibt Momente,
da weiß man, dass man vor etwas Heiligem steht.

Nicht, weil es laut ist.
Nicht, weil es greifbar ist.
Sondern weil das eigene Herz plötzlich ganz still wird.
Und weil man spürt:
Jetzt darf man nichts mehr hinzufügen.
Nur bleiben.
Nur schauen.
Nur atmen.

Gründonnerstag ist so ein Moment.

Jesus sitzt zusammen mit denen, die Er liebt.
Er weiß, was kommen wird.
Und Er geht trotzdem nicht weg.
Er bricht das Brot.
Er reicht den Kelch.
Er wäscht Füße.
Er schweigt, wo wir schreien würden.
Und Er geht in den Garten.

Nicht als Flucht.
Sondern um zu bleiben.
Um zu beten.
Um sich zu beugen.

Und wer das sieht –
nicht mit den Augen, sondern mit dem Herzen –
kann nicht mehr gleichgültig sein.

Denn plötzlich ist da eine Nähe,
die alles in Frage stellt,
was man über Liebe zu wissen meinte.

Es ist zu groß.
Zu rein.
Zu nah.

Und genau das macht es so schwer.

Wie soll man das aushalten –
dass ein König sich beugt?
Dass ein Gott sich weinend hingibt?
Dass das Kreuz ein Geschenk ist –
und nicht eine Schuld?

Wer das erkennt,
bricht nicht zusammen,
weil er zweifelt –
sondern weil er liebt.

Weil er merkt:
Ich kann es nicht zurückzahlen.
Ich kann nichts bieten.
Ich kann nur empfangen.

Und das fühlt sich manchmal falsch an.
Weil man es nicht gewohnt ist.
Weil man sich nicht würdig fühlt.
Weil alles in einem sagt:
„Ich bin zu klein dafür."

Aber genau da –
in diesem Zerbruch –
beginnt die wahre Anbetung.

Nicht, wenn man laut singen kann.
Nicht, wenn man alles versteht.
Sondern wenn man auf dem Boden liegt,
vor dem Kreuz,
und einfach nur flüstern kann:
„Ich glaube."

Das ist genug.

Und vielleicht –
vielleicht ist es genau das,
was Jesus in diesem Moment will:
Nicht eine perfekte Antwort.
Nicht eine starke Reaktion.
Sondern ein aufrichtiges Herz,
das sagt:

„Ich kann nichts geben.
Aber ich will empfangen.
Denn Du bist es wert."

Das ist Glaube.
Langsam.
Ehrlich.
Heilig.

✝ 🌿 Mit dem Herzen nach Golgatha – Mein geistlicher Weg durch Karfreitag

Morgendämmerung
Der Tag begann mit Stille.
Nicht, weil die Welt ruhig war –
sondern, weil mein Innerstes schweigend erwachte.
Ich wusste, was dieser Tag bedeutete.
Und mein Herz war schwer.
Nicht aus Angst,
sondern aus Liebe.

Die Stunden des Alltags bahnten sich ihren Weg.
Ich stand auf und tat, was ich immer tat.
Ich bereitete Frühstück.
Ich war Mutter.
Ich war im Hier und Jetzt.
Aber mein Geist war nicht bei all dem dabei.
Nicht in dieser Welt.

Er war auf dem Weg –
auf der Via Dolorosa.
Ich sah IHN.
Mit dem Kreuz auf dem Rücken.
Ich hörte die Peitschen.
Ich hörte das Schweigen.
Und dazwischen –
meine Tränen.
Leise.

Versteckt.
Aber da.

Die neunte Stunde
Um drei Uhr stand ich still.
Nichts mehr tun.
Nichts mehr denken.
Nur sein.
Bei IHM.
Am Fuß des Kreuzes.
Nicht als Beobachterin –
sondern als Geliebte,
die nicht mehr fliehen kann.

Ich betete nicht.
Ich hörte nur.
Und ich weinte.

Der Abend -
Die Sonne ging unter.
Ich hätte in die Kirche gehen können.
Aber mein Herz wollte nicht singen.

Es wollte ausharren.
Wachen.
Schweigen.
Nicht vorschnell zur Auferstehung eilen.
Nicht billig vertröstet werden.

Ich saß in der Dunkelheit
und hielt etwas fest,
das ich nicht erklären konnte:

Seinen Tod.
Seine Liebe.
Meinen Schmerz.

Die Verbindung zu den Jüngern
Ich dachte an sie.
An Johannes,
an Maria,
an Petrus.
Wie schwer muss es für sie gewesen sein?
Noch gestern waren sie mit IHM.
Noch gestern haben sie gegessen, gelacht, geglaubt.
Und heute –
Stille.
Schock.
Zerbrochenheit.

Und ich –
ich war dazwischen.
Mit ihnen.
Mit IHM.
Mit dem, was man Liebe nennt
und doch nicht begreifen kann.

✝ **Ich habe den Karfreitag nicht einfach
erinnert.
Ich habe ihn durchlebt.
Nicht als Pflicht.
Sondern als Antwort.**

Mit dem Blick
auf ein Kreuz,
das mehr sagt als tausend Gebete.

● **Reflexion – Wenn Gott stirbt und wir nichts sagen können**

✝ **Karfreitag ist kein Feiertag.**
Es ist kein schöner Gedenktag.
Kein liturgischer Moment, den man mit
Liedern und Lichtern füllt.
Karfreitag ist ein Grab in der Mitte der Welt.
Und wer ehrlich ist,
der bleibt davor stehen und sagt:
„Ich verstehe das nicht."

Nicht, weil man zu wenig glaubt.
Sondern, weil man IHN liebt.
Und weil man sieht,
was ER getragen hat.
Und dass ich der Grund dafür bin.

Die Wahrheit ist:
Wir wissen nicht, wie wir damit umgehen sollen.
Dass der König aller Zeiten schreit.
Dass der Sohn Gottes am Holz hängt,
gepeinigt, verspottet, verlassen.
Von Menschen,
für die Er sich hingegeben hat.

Und wir reden davon,
dass es notwendig war.
Dass es Erlösung bringt.
Dass es Liebe ist.
Und das ist alles richtig.

✝ Aber an Karfreitag hilft das nicht.

Nicht, wenn man IHN liebt.
Nicht, wenn man es sieht.
Nicht, wenn man spürt,
wie die Welt in sich zusammenfällt,
weil der, der sie geschaffen hat,
jetzt in ihrer Dunkelheit stirbt.

Es gibt nichts zu sagen.

Kein Trostsatz.
Keine biblische Formel.
Kein "Aber Ostern kommt ja".

Denn dieser Tag will nicht übersprungen werden.
Er will ausgehalten werden.
Mit dem ganzen Gewicht,
das das Kreuz in sich trägt.

Und ja –
es tut weh.

Es tut weh,
wenn man IHN sieht
und nichts tun kann.
Es tut weh,
wenn man IHN hört
und selbst nur schweigen kann.
Es tut weh,
weil man genau weiß:
Das hätte ich sein müssen.

Und dann ist da dieser Moment –
kurz vor drei Uhr –
wo alles in einem still wird.
Wo man nicht mehr funktioniert.
Wo man nicht mehr erklärt.
Wo man einfach nur da ist.

✝ **Vielleicht auf dem Küchenboden.**
Vielleicht mit Tränen im Gesicht.
Vielleicht in einer Ecke,
versteckt vor der Welt,
die Karfreitag nicht mehr aushält.

Und genau da
ist die Wahrheit dieses Tages:

Dass Liebe weh tut,
wenn sie echt ist.

Dass Gnade überfordert,
wenn man erkennt, was sie gekostet hat.

Dass wir nichts zu bringen haben,
außer unserem Zerbruch.
Unserem Schweigen.
Unserem Mitgehen.

Und vielleicht,
ganz vielleicht,
ist genau das der tiefste Ort des Glaubens:

Nicht, wenn man singt.
Sondern wenn man nur flüstern kann:
„Ich war da.“
„Ich hab's gesehen.“
„Ich hab's ausgehalten – mit Dir.“

Das ist keine Schwäche.
Das ist kein religiöses Drama.

Das ist Liebe.
In ihrer rohen, unverklärten,
unaufhaltsamen Form.

🕯️ 🌿 Karsamstag – Zwischen Schmerz und neuer Hoffnung

✝️ **Der Karfreitag liegt hinter mir.**
Und ich merke es in meinem ganzen Körper.
Ich bin müde vom Weinen,
vom inneren Ringen,
von der Unruhe,
die in mir war –
und vielleicht immer noch ein wenig ist.

🕯️ **Aber heute...**
ist Karsamstag.

Ein Tag, der atmet.
Langsam.
Leise.
Wie jemand, der noch nicht sprechen kann –
aber spürt,
dass etwas Neues kommt.

✦ **Ich habe viel zu tun.**
Vieles will vorbereitet werden für den
Ostersonntag.
Das Haus, das Essen, die Kleidung, das
Herz.
Und doch bin ich immer wieder in
Gedanken woanders.
Zwischen dem Gestern, das noch schmerzt,
und dem Morgen, das schon leuchtet.

Ich dachte oft an die Jünger.
Wie sie damals wohl diesen Samstag verbracht haben.
Verloren zwischen Kreuz und Grab.
Zwischen Schock und Sehnsucht.
Zwischen Dunkelheit und einem Licht, das sie noch nicht
kannten.

Und ich?
Ich stehe genau dort.
Im Dazwischen.

Aber ich weiß etwas,
was sie damals noch nicht wussten:
Der Sieg ist schon geschehen.

Während ich also durch den Tag gehe,
versuche ich nicht nur zu funktionieren –
ich versuche, mich vorzubereiten.

Nicht nur äußerlich.
Sondern innerlich.
Denn morgen ist es soweit.

Morgen werde ich getauft.

Morgen, am Ostersonntag.

An dem Tag, an dem Jesus auferstanden ist

– an dem das Licht wieder durchbrach.

An dem die Welt neu wurde.

Und ich?

Ich darf auferstehen mit IHM.
Vor der sichtbaren und unsichtbaren Welt bezeugen:
Ich gehöre zu Jesus.

Und dann fällt es mir plötzlich auf…
Neun Monate.
Genau neun Monate sind vergangen.
Seit jenem Tag, an dem Jesus sich mir gezeigt hat.
Mich gerufen hat.
Mich befreit hat.
Mich neu gemacht hat.

Neun Monate –
wie eine Schwangerschaft.

Wie das Wachsen eines neuen Lebens in mir.
Wie das langsame Reifen in Seiner Liebe.

Und morgen…
wird es geboren.

Nicht nur symbolisch.
Sondern wirklich.
Durch das Wasser.
Durch den Glauben.
Durch Seine Gnade.

Ich bin schon lange Sein.
Er hat mich längst gefunden.
Aber morgen wird sichtbar,
was schon lange Wahrheit ist:

Ich bin neu.

🕯 **Karsamstag ist kein Leerlauf.**
Kein Zwischenraum.
Es ist das letzte Einatmen,
bevor das neue Leben den ersten Atemzug
macht.

Und auch wenn der Schmerz von gestern noch irgendwo in
mir liegt –
er hat nicht mehr das letzte Wort.

Heute ist Warten.
Aber morgen kommt Licht.

Ich weiß es.
Ich spüre es.
Ich glaube es.

Maranatha.
Komm, Herr Jesus.

Morgen beginnt mein neues Leben.

Ostersonntag – Der Tag, an dem ich wirklich neu wurde

Heute war es so weit. Ostersonntag. Der Tag, an dem Jesus den Tod besiegt hat. Und der Tag, an dem auch ich auferstehen durfte – in IHM. Mein Tauftag. Mein Anfang. Mein Auferstehungsmorgen.

Ich war nervös. Schon beim Aufstehen schlug mein Herz schneller.
Ich bereitete noch Frühstück vor, kümmerte mich um meinen Sohn, sprach mit meinem Mann –
aber innerlich war ich schon woanders.
Ich hatte alles vorbereitet. Meine Sachen lagen bereit.

Und irgendwie…
war ich es auch. Bereit.
Obwohl ich es noch gar nicht ganz begriffen hatte.

Meine Familie war nicht da.
Nicht mein Mann. Nicht mein Sohn. Nicht meine Verwandten.
Weil sie Jesus nicht kennen.
Ja, es tat ein bisschen weh.
Aber es war okay.

Denn heute ging es nicht um mich.
Heute ging es um IHN.
Nur um IHN.

Und ich war nicht allein.
Ich war umgeben von meinen Geschwistern im Glauben.
Von Menschen, die mit mir geglaubt, mit mir getragen, mit
mir gehofft haben.

Schon auf dem Weg zur Gemeinde weinte ich im Auto.
Nicht aus Kummer. Nicht aus Angst.
Es war einfach so viel.
Dankbarkeit. Ehrfurcht. Überforderung.
Wie soll man sich fühlen, wenn man weiß:
Heute wird alles anders?

Dann begann der Gottesdienst. Und ich durfte mein
Zeugnis erzählen.
Ich las Hesekiel 36,26:
„Und ich will euch ein neues Herz geben und einen neuen
Geist in euer Inneres legen."
Und ich erzählte, dass Jesus genau das vor neun Monaten
in mir getan hat.
Neun Monate.
Wie eine Schwangerschaft.
Er hatte mein steinernes Herz genommen und mir ein Herz
gegeben, das lebt –
das für IHN schlägt.
Ich sprach mit zitternder Stimme von all der Liebe, die Er
mir geschenkt hat.
Von dem Frieden, den nur ER geben kann.

Von Seiner Stimme, die ich hören darf.
Von Seiner Nähe, die mein Zuhause geworden ist.

Dann stieg ich ins Taufbecken.
Ich antwortete auf die Fragen. Ich wusste, was ich tat.
Ich dachte, ich wäre bereit.

Aber nichts hätte mich auf das vorbereiten können,
was in diesem Moment geschah.

Ich wurde untergetaucht.
Ein kurzes Innehalten.
Das Wasser.
Die Umarmung der Tiefe.
Stille.

Und dann –
als ich wieder auftauchte –
kam es mit voller Wucht.

Ich schrie.
Laut.
Lang.
Unkontrollierbar.

Ich schrie, weil etwas in mir berührt wurde,
das kein Mensch berühren kann.
Weil etwas in mir herausgerissen wurde.
Weil etwas neu wurde.
Und mein Körper konnte es nicht halten.
Nicht filtern.
Nicht kontrollieren.

Ich zitterte.
Ich weinte.
Ich klammerte mich an meine Geschwister, unfähig zu
sprechen,
zu stehen, zu denken.

Nur ein Wort kam durch:
„Danke.“

Immer wieder:
„Danke.“

Ich schaffte es nicht mal allein aus dem Becken.
Ich war neu – aber auch überwältigt.
Wie ein neugeborenes Kind.
Unkoordiniert.
Zerbrechlich.
Offen.

Wir zogen uns schnell um.
Und selbst dann zitterte ich noch.
Aber mit dem Zittern kam ein Frieden.
Ein Leuchten in mir.
Ein stilles Wissen:
Es ist vollbracht.

Beim anschließenden Segen weinte ich erneut.
Und mein Pastor sagte mir:
„Jesus hat über dich gesagt, dass du seine Generalin wirst.
Eine Anführerin.
Eine geistliche Kämpferin.“

Ich weiß, das war kein Menschenwort.
Das war ein Ruf.

Und dann war es vorbei.
Der Gottesdienst endete.
Der Alltag klopfte schon an.
Und bald saß ich wieder inmitten meiner Familie –
zwischen all den Stimmen,
die Ostern nur als Tradition kannten.

Aber ich?

Ich wusste, was passiert war.

Ich wusste:
Ich bin jetzt wirklich neu.

Nicht nur getauft.
Nicht nur berührt.
Nicht nur verändert.

Ich bin
SEIN.

In Ewigkeit.
Ganz.
Unwiderruflich.
Unumkehrbar.

Heute bin ich auferstanden –
mit IHM.

✴ **Reflexion – Wenn der Schrei kein Ende, sondern ein Anfang ist**

Manchmal geschieht in der Taufe etwas, das Worte
überfordert.
Etwas, das nicht geplant, nicht gewollt, nicht einstudiert ist
– und gerade deshalb so echt ist.

Ein Schrei.
Ein Zittern.
Ein Zusammenbrechen.
Ein Weinen, das sich nicht zurückhalten lässt.
Ein Körper, der nicht mehr still bleibt.

Was für manche wie Überforderung aussieht,
ist in Wahrheit etwas Heiliges:
Ein Durchbruch.
Ein Ruf.
Ein Echo aus der Tiefe.

Denn Taufe ist kein Ritual.
Keine bloße Handlung.
Sie ist ein geistlicher Ort.
Ein Kampfplatz.
Ein Übergang vom Tod ins Leben.
Und was dort geschieht, geschieht nicht nur sichtbar –
sondern mitten hinein in das Unsichtbare.

Wenn ein Mensch im Wasser stirbt und in Christus
aufersteht,
dann fällt alles Alte ab.
Die Finsternis verliert ihr Anrecht.

Das Neue beginnt.
Und manchmal ist das so gewaltig,
dass es den ganzen Menschen erschüttert –
vom Innersten bis in den Körper hinein.

Dann ist ein Schrei kein Zeichen von Schwäche,
sondern ein Ruf der Freiheit.
Ein Aufbrechen dessen, was zu lange gebunden war.
Ein letztes Aufbäumen der Ketten,
die im selben Moment zerspringen.

Oder vielleicht ist es noch mehr:
ein Geburts-Schrei.

So wie jedes Kind die Welt nicht leise betritt,
sondern laut.
Kraftvoll.
Mit einem ersten Atemzug,
der alles verändert.

Auch das neue Leben in Christus
beginnt manchmal nicht still,
sondern mit einem Aufschrei:
Ein Laut, der Himmel und Erde verbindet.
Ein Ruf, der sagt:
Jetzt bin ich da.
Jetzt beginnt es.
Jetzt gehöre ich IHM.

Manchmal geschieht es leise.
Und manchmal so,
dass es nicht überhört werden kann.

Nicht von Menschen.
Und ganz sicher nicht vom Himmel.

Und wer das miterlebt –
bei sich oder bei jemand anderem –
sollte nicht erschrecken.
Nicht beschämt sein.
Nicht erklären oder zurückrudern.

Denn das ist nicht „zu viel".
Es ist genau richtig.

Es ist Gnade in Bewegung.
Herrlichkeit, die auf einen sterblichen Körper trifft.
Freiheit, die sich Luft verschafft.

Vielleicht ist so ein Schrei
kein Störmoment.
Sondern das erste Lied
eines neugeborenen Herzens.

Und wenn der Himmel in diesem Moment jubelt –
warum sollten wir es nicht auch tun?

♥ Epilog – Aus tiefstem Herzen

Wenn du das hier gelesen hast –
alles,
von Anfang bis Ende –
dann möchte ich dir danken.

Nicht, weil ich glaube, dass das hier etwas Besonderes ist,
sondern weil ich weiß, wie viel es kostet,
wirklich mitzugehen und es auszuhalten.
Weil ich selbst nicht weiß,
wie ich es hätte lesen sollen,
wenn es nicht von mir wäre.

Denn ich habe mich hier nicht stark gezeigt.
Nicht schön.
Nicht klar.

Ich habe mich hier schwach gemacht.
Roh.
Ungeordnet.
Zerbrechlich.
Zerrissen.

Ich habe laut gedacht.
Ich habe geweint, während ich geschrieben habe.
Ich habe gefühlt, was ich kaum fassen konnte.
Und ich habe Dinge ausgesprochen, die man vielleicht
lieber für sich behält.

Aber ich wollte, dass es echt ist.
Ich wollte, dass du, wenn du mitliest,

vielleicht ein kleines bisschen spürst,
dass du nicht allein bist.

Mit deinem Kampf.
Mit deinen Fragen.
Mit deiner Sehnsucht nach Gott –
und deiner Angst, dass du vielleicht nie gut genug sein wirst
für Seine Nähe.

Wenn ich eines gelernt habe auf diesem Weg,
dann, dass Gott nicht wartet, bis wir fertig sind.
Er kommt genau dahin,
wo es noch wackelt.
Wo es wehtut.
Wo man noch nicht alles weiß,
aber schon alles fühlt.

Ich danke dir, dass du mich so gesehen hast –
nicht stark,
nicht beeindruckend,
sondern echt.

Und ich wünsche dir,
dass du IHN siehst.
Nicht nur in meinen Worten,
sondern in deinem eigenen Herzen.

Vielleicht kennst du Jesus schon lange.
Vielleicht gar nicht.
Vielleicht bist du irgendwo dazwischen.
Aber ich will dir sagen:
Er ist real.

Er ist nah.
Und Er liebt dich.

Nicht, wenn du endlich glaubst.
Nicht, wenn du dich zusammenreißt.
Nicht, wenn du dich in der Kirche zurechtfindest.

Sondern jetzt.
Mitten in deiner Unordnung.
Mitten in deinem Zweifel.
Mitten in deinem normalen, manchmal kaputten Leben.

Und wenn du dich danach sehnst,
dann fang an zu reden - mit Ihm.
Du brauchst keine richtigen Worte.
Nur ein echtes Herz.

Wenn du das hier gelesen hast –
wirklich gelesen –
dann hast du schon mehr Mut bewiesen,
als viele sich je erlauben.

Und vielleicht…
hat Er genau darauf gewartet.

Danke, dass du mit mir gegangen bist.
Danke, dass du es ausgehalten hast.

Ich bete, dass du deinen eigenen Weg findest.
Oder besser gesagt:
Dass du IHN findest,
der schon längst unterwegs ist zu dir.

Mit allem, was ich bin, rufe ich —
in Liebe, in Demut, in Hoffnung:
Jesus, du bist genug.
Und ich bin dein.
In Ewigkeit.

Danke.
Fürs Mitgehen.
Fürs Mitfühlen.
Fürs Dableiben.

Maranatha.
Komm, Herr Jesus.